ISBN 3-219-11232-3
Alle Rechte vorbehalten
Umschlag, Illustrationen und Layout von Susanne Schwandt
Gesetzt nach der neuen Rechtschreibung
Copyright © 2005 by Annette Betz Verlag
im Verlag Carl Ueberreuter, Wien – München
Printed in Austria
1 3 5 7 6 4 2

Annette Betz im Internet: www.annettebetz.com

Barbara Cratzius

Wintertraum und Weihnachtswichtel

Geschichten und Gedichte

Illustriert von Susanne Schwandt

ANNETTE BETZ

Schneemann Willi

Schneemann Willi vor dem Haus,
der sieht heut ganz traurig aus.
Ach, ihm fehlt am Bauch ein Knopf,
schief gerutscht ist ihm der Topf.
Und die Nase – jemine –
fiel die heut Nacht gar in den Schnee?
Wo ist sie geblieben,
die Nase aus gelben Rüben?
Ich hab's gesehen heute Nacht,
das hat die freche Krähe gemacht.
Die hat im Pflaumenbaum gesessen
und hat geschnarrt: »Ich muss was essen!
Der Hunger, der tut weh, so weh
und überall nur Eis und Schnee.«
Der Schneemann hat den Stock gereckt,
die Krähe bloß am Schnabel geleckt
und gerufen: »Mich kriegst du nicht!
Ich bin schneller, du weißer Wicht!«
Und eins, zwei, drei im Handumdrehn
packt sie die Rübe, so ist es geschehn.
Und die andern Krähen auf dem Topf,
die tanzen frech auf Willis Kopf
und picken Nussknöpfe heraus,
ja, das ist passiert vor unserm Haus!

Ein Geschenk für den kleinen Bären

Der kleine Bär ist traurig. Und das gerade drei Wochen vor Weihnachten. »Lisa mag mich nicht mehr!«, brummt er betrübt. »Am ersten Adventsonntag hat Oma ihr einen Eisbären mitgebracht. Und nun spielt sie dauernd mit ihm auf den weißen Eisschollen. Auf diesen komischen Styropordingern, die im Karton der neuen Waschmaschine gelegen haben. Und unseren alten Arztkoffer rührt Lisa überhaupt nicht mehr an!«, seufzt der kleine Bär. »Dabei hat sie mir doch so oft ein neues Pflaster draufgeklebt, hinten am Po, wo sie mir mal aus Versehen mit der Schere ein Loch reingeschnitten hat. Und um die Pfoten hat sie mir einen Verband gemacht. Und um den Kopf ein kühles Tuch gewickelt, wenn ich Kopfschmerzen hatte. Aber nun hab ich dauernd Kopfschmerzen, und keiner kümmert sich um mich!«

Der kleine Bär hockt ganz traurig in der Ecke. »Nicht mal zu Weihnachten wird Lisa an mich denken!«, brummt er.

»Hast du denn schon mal in der Spielzeugkiste nachgeschaut?«, fragt die große Puppe. »Da sammelt Lisa doch Weihnachtsgeschenke für uns! Ich hab schon mal vorsichtig reingeblinzelt. Ich krieg einen neuen Spitzenrock und Ballettschuhe!«

»Und ich eine neue Zipfelmütze!«, ruft der Kaspar.

»Komisch, für dich war aber wirklich nichts drinnen«, meint der Pinguin. »Ich hab jedenfalls nichts gesehen!«

Der kleine Bär lässt seinen Kopf jetzt noch tiefer hängen und flüstert: »Sie hat tatsächlich auf mich vergessen!«

»Wartet, hier oben auf dem Bücherbrett steht etwas, das aussieht wie ein kleiner Doktorkoffer! Da ist auch ein Herzchen mit einem Zettel dran!«, heult die Eule plötzlich.

»Lies bitte vor!«, bettelt der kleine Bär und die Eule beginnt zu lesen:

>*»Für den kleinen Bären*
>*Fühlt der Bär mal wieder Schmerz,*
>*schenk ich ihm ein rotes Herz*
>*für das schlimme Loch am Po.*
>*Dann ist mein Bärchen wieder froh!*
>*Deine Lisa«*

Der kleine Bär wischt sich ein paar Tränen von seiner Wange weg.
Dann brummt er: »Lasst den Doktorkoffer bloß zu! Den will ich erst zu Weihnachten aufmachen!«

Die hungrigen Weihnachtsspatzen

Winterzeit – kalte Zeit.
Felder, Wälder, tief verschneit
und kein Krümchen weit und breit.
Oben auf den Tannenspitzen
hungrig sieben Spatzen sitzen.
Aufgeplustert, wie sie frieren!
Ach, sie möchten gern probieren
Pfeffernuss und Mandelkern,
picken auch die Krümel gern,
schauen sich die Augen aus
nach dem Weihnachtswichtelhaus.
Oh – da zieht ein süßer Duft
her durch kalte Winterluft.
Bäckerwichtel Ottokar
backt mit Schokostreuselhaar
Kuchenmänner – wunderbar.
Stellt die Bleche dann vors Haus.
Wer pickt wohl die Mandeln raus?
Zuckerperlen und Rosinen,
die als Knopf und Augen dienen?
Vorsicht – Vorsicht – Spatzenschar,
da kommt schon der Ottokar!

Das schwarze Jesuskind

»In diesem Jahr möchte ich aber den Kaspar spielen!«, ruft Max, als die Rollen für das Krippenspiel verteilt werden.
»Fatima, du hast sicher schöne Umhänge aus Nigeria zu Hause. Nimmst du die mit? Dann können wir uns toll verkleiden!«
»Klar. Ich habe außerdem noch wunderschöne Fransentücher! Die sehen super aus«, ruft Fatima. Ihr Vater ist Arzt und sie spricht schon sehr gut Deutsch.
»Aber die Kronen basteln wir selber!«, meint die Erzieherin.
Die Kinder lernen mit riesigem Eifer ihre Rollen.
Fatima begleitet den Marsch der Könige mit kräftigen Trommelschlägen. Nun stehen die Kinder um die Krippe herum. Die Erzieherin hat das Heu vorsichtig aufgeschichtet. »Aber der kleine Jesus bekommt ja gar keine Luft!«, meint Lukas. »Da bringe ich lieber meinen Batman mit. Der kann auf ihn aufpassen und, wenn es sein muss, Hilfe holen bei den Engeln.«
Die Kinder grinsen. »In Nigeria haben wir immer eine Puppe in die Krippe gelegt«, meint Fatima. Die Erzieherin überlegt.
»Wer von euch hat denn eine Puppe zu Hause?«, fragt sie. »Mit Puppen spielen nur Softies!«, ruft Peter. »Wir stehen auf Computer!« Und die Mädchen beteuern, dass sie lieber mit einem dicken großen Pandabären spielen.
Am nächsten Tag staunen die Kinder nicht schlecht: In der Krippe liegt eine wunderschöne dunkle Puppe mit krausem schwarzem Haar.
Die Erzieherin deckt sie vorsichtig mit Heu zu, dass nur noch die dunklen Augen hervorschauen.
»Danke, Fatima, für die Puppe!«, sagt die Erzieherin.
»Jesus ist zu allen Menschen gekommen, egal, welche Hautfarbe sie haben. Er hat sie alle lieb gehabt, die weißen und die schwarzen, die roten und die gelben Menschen.«

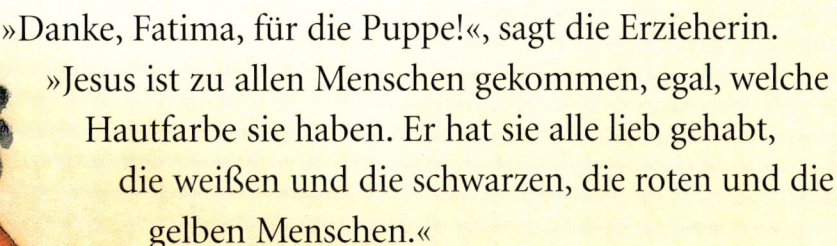

Abenteuer im Kinderzimmer

Jedes Jahr zur Weihnachtszeit
ist's bei Teddy Klaus so weit.
Scheint der Weihnachtsvollmond groß,
dann marschiert er einfach los.

Und er stapft ja nicht alleine!
Bärchen Leo, dieser kleine,
und die Teddys Wim und Wum
wachen auf, sind nicht mehr stumm.

Teddy Klaus gleich kommandiert:
»Schnell zum Karussell marschiert!
Stellt den Plattenspieler an!«
Toll, wie der sich drehen kann.

»Vorsichtig mit euren Pfoten!
Schaukeln, das ist hier verboten!«
Und sie drehen sich im Kreise,
die Musik spielt laut und leise.

Sehr geschickt ist Teddy Klaus,
stellt das Karussell dann aus.
Leo schnuppert in die Luft:
»Riecht ihr? Das ist Weihnachtsduft!«

Drüben in dem Weihnachtszimmer
steht die Plätzchendose immer.
Vorsicht mit den Bärentatzen!
Oh – sie schlecken, mampfen, schmatzen!

Keine Krümel hier gemacht!
Schnell zu Ende ist die Nacht.
Ins Kuschelbett nun, leise, leise,
morgen geht's wieder auf die Reise!

Wichtelspaß in der Weihnachtszeit

Es ist eine frostklare Winternacht. Voll und groß steht der Mond am Himmel. Von seinem Bett aus kann Jan den Nachthimmel und die vielen Glitzersterne deutlich sehen.

»Mami, lass den Vorhang offen!«, bettelt Jan. »Vielleicht seh ich wieder eine Sternschnuppe! Dann kann ich mir noch etwas Klitzekleines für Weihnachten wünschen.«

»Na, ich glaube, dein Wunschzettel ist schon lang genug!«, meint die Mutter.

»Vielleicht wünsch ich mir gar nichts für mich allein!«, sagt Jan ganz geheimnisvoll.

Er schlüpft unter die Bettdecke mit den Sternen drauf. Dann nimmt er den Teddy fest in den Arm.

»Teddy«, flüstert er. »Riech mal! Das ist Weihnachtsduft! Wir haben doch so viele Tannenzweige aus dem Wald geholt. Und einen Zweig hab ich hier ans Fenster gestellt. Schau mal, wie meine Strohsterne und die goldenen Nüsse im Mondlicht glänzen!«

»Brumm«, macht der Teddy. Und dann sind sie beide eingeschlafen.

Aber was ist das? Da purzeln drei Wichtelkinder auf dem Mondstrahl herein.

»Wir wollen Jan noch einen schönen Weihnachtstraum schicken!«, flüstert das älteste Wichtelkind. »Einen Traum von einer wunderschönen

Tannengirlande im Wohnzimmer. Da können sich alle schon viele Tage vor Weihnachten dran freuen.«

»Ich häng schon mal einen Schokoladenengel an den Tannenzweig!«, flüstert ein kleines Wichtelkind. »Und einen Schokoladenstern dazu!«

»Jan, aufwachen!«, ruft die Mutter am nächsten Morgen. »Du, dein Tannenzweig ist ja wunderschön geschmückt.«

»Komisch, davon hab ich doch geträumt!«, ruft Jan verwundert. »Egal, ich hab eine Idee! Wir flechten aus den Tannenzweigen eine Weihnachtsgirlande für das Wohnzimmer!«

Der große Bruder Florian steckt den Kopf herein.

»Tolle Idee!«, sagt er. »Dann kann ich endlich meine elektrische Lichterkette ausprobieren. Und meine Schokoladenautos darfst du auch dranhängen!«

»Und all die schönen Schirmchen von Oma!«, ruft Jan. »Das wird eine große Überraschung für Vati, wenn er heute am Abend nach Hause kommt!«

Alle freuen sich über die duftende Girlande mit den vielen bunten Figuren.

»Das ist schon fast wie Weihnachten!«, ruft die Mutter.

Als alle schlafen, huschen die Weihnachtswichtel im Mondlicht herein und schwenken die Mützen beim lustigen Weihnachtswichteltanz …

Fünf Engel in Bethlehem

Fünf Engel dürfen heut nicht ruhn,
sie haben im Stall so viel zu tun.

Der erste ruft: »Oh, der eisige Wind,
da wird noch frieren das Krippenkind!
Mit Moos stopf ich die Astlöcher dicht,
kein Wind dringt ein, nur das Sternenlicht.«

Der zweite ruft: »Ich hol frisches Heu
und Feuerholz und Stroh herbei.
Das kleine Kind soll doch nicht frieren
in Nacht und Wind bei all den Tieren.«

Der dritte ruft: »Du Esel, komm her!
Dein Fell ist stumpf und glänzt nicht mehr.
Dem Ochsen bürst ich den Bauch und die Ohren,
denn unser Kind wird bald geboren.«

Der vierte kehrt den Boden aus,
verjagt die allerkleinste Maus.
Er ruft den Spinnen am Balken zu:
»Fangt die Fliegen, das Kind braucht Ruh!«

Und der fünfte Engel trägt die Kräuter herein.
Heilkräuter – oh – die duften fein!
Nun müssen die Engel die Harfen noch stimmen,
dann kann die Heilige Nacht beginnen!

Der schönste Engel von allen

Der Sturm heulte über das Dach des Bauernhauses. Er ließ die Dachschindeln klappern und pustete eine Ladung Schneeflocken auf den Dachboden.
»Hu, ist das ein Lärm!«, beschwerte sich der alte Nussknacker. »Viel lauter kann ich auch nicht mit meinen Holzzähnen klappern!«
Das kleine Holzpferd neben ihm schüttelte seine Mähne und versuchte hinten auszuschlagen.
»So eng ist das hier in dieser staubigen Kiste!«, schnaubte es. »Ich möchte endlich mal frei laufen können! Oder wenigstens oben in den Zweigen vom Tannenbaum hängen und mit den Beinen baumeln!«

»O bitte, sei vorsichtig!«, tönte eine leise Stimme aus der Tiefe der Kiste heraus. »Meine Seidenflügel sind so empfindlich. Du hast sie hier an der Seite schon eingerissen!«

»Nun hab dich doch nicht so, du kleiner Schmetterling!«, brummte der Nussknacker. »So ein kleines zartes Wesen wie du sollte bei diesem Wetter weiterschlafen und erst im Frühling losfliegen! Der Winter ist die Zeit der harten, kernigen Sachen, der Holzpferdchen und Nüsse! Auch der feste Stall mit einer hölzernen Krippe und die bunt lackierten Holzfiguren von Maria und Josef – die gehören unter den Weihnachtsbaum! Könige und Engel aus Holz geschnitzt, standhaft und dauerhaft wie ich – der alte Nussknacker!«

»Ein ... Engel ... aus Holz!«, flüsterte es aus der Kiste heraus.

»O ja, der ist nicht so zerbrechlich, den kann man sicher kräftig anfassen.«

Der kleine Engel war so verblüfft, dass er nichts sagen konnte.

»Ja, ja, du kleiner Falter, du zartes Flügelwesen«, fuhr der Nussknacker fort, »ich kann dir nur raten, schlaf weiter und lass dich erst von der Frühlingssonne wecken!«

Da wurde knarrend die Bodentür geöffnet.

»Mama«, rief Lena, »darf ich zuerst den Engel aus der Weihnachtskiste holen? Der muss ein neues Kleid kriegen und schöne goldene Sterne ins Haar!«

»Willst du nicht dem Holzpferd eine neue Mähne flechten und dem Nussknacker rote Backen malen?«

»Ach, die staub ich nur ab«, rief Lena, »aber der kleine Engel, der ist der schönste von allen. Der soll oben auf der Baumspitze hängen!«

So wurden der Nussknacker und das Holzpferd zur Seite geschoben und der kleine Engel ganz vorsichtig herausgenommen.

»Merkwürdig«, brummte der Nussknacker. »Ich hätte nie gedacht, dass aus dem zerknitterten Flügelwesen noch mal ein wunderschöner Engel werden würde.«

Tobias, der Lausbub-Engel

Heut Nacht, heut Nacht, da ist was geschehn,
da hab ich was ganz Erstaunliches gesehn.
Hoch auf den Zweigen im Tannenbaum,
da schwebt er versteckt, man sieht ihn kaum.
Er schämt sich, der Lausbub, der kleine Engel,
Tobias, der freche Engel-Bengel.
Der hat sich in der Weihnachtsnacht
was ganz Besondres ausgedacht.
Dort am Kalender – ihm lässt's keine Ruh,
da ist doch noch ein Türchen zu.
Was mag sich wohl dahinter verstecken?
Er möcht es gar zu gern entdecken!
Noch viele Stunden bis morgen Früh,
vielleicht verschläft auch die kleine Sophie.
Die Engelshände sind zart und geschickt,
das Türchen ist schnell wieder zugedrückt.
Nur einmal möcht er es selber sehn,
was mag am 24. geschehn?
Schon breitet Tobias die Flügel aus,
schwebt über Burg und Hexenhaus,
über Teddy, Bär und Puppenwagen,
die Flügel ihn leicht und sicher tragen.
Und nun das Türchen auf – geschwind!
Da liegt im Stall – das Krippenkind.
Und so viele Engel im Kreise stehn,
Tobias kann gar nicht satt sich sehn.
Da knarrt's an der Tür, Tobias, gib Ruh
und drück das kleine Türchen schnell zu!

Zu spät! Sophie trippelt herein
des Nachts beim hellen Mondenschein.
Sie bleibt vor dem Kalender stehn,
der Stall, die Krippe, wie wunderschön!
Doch wer hat das Türchen aufgemacht?
Pst, nichts verraten in der Heiligen Nacht!
Schnell schwebt wieder am Baum der Engel
Tobias, der kleine Lausbub-Bengel.

Erste Mäuseweihnachten

Es ist tiefer Winter. »Gut, dass wir rechtzeitig unter dem Schnee unsere Mäusegänge gegraben haben!«, piept die Mäusemutter Emma. »Wenn wir uns zusammenkuscheln, ist es ganz gemütlich hier unten.«

Der Mäusevater Hugo zieht die Stirn kraus. »Das ist das erste Weihnachtsfest für unsere Mäusekinder!«, sagt er. »Das muss besonders schön werden!«

Schon schnallt er seinen Rucksack auf und flitzt los. Er weiß genau, wann der dicke Kater auf dem Bauernhof sein Mittagsschläfchen hält.

Vergnügt trippelt er durch die Mäusegänge in den Keller von Bauer Franz. Da duftet es verführerisch aus den Kellerfenstern. Auf den Regalen liegen die leckeren Nusskringel, die Honigtaler und Vanilleplätzchen. Aber vorsichtig muss man sein! Hier ein Krümelchen, dort ein Eckchen abbeißen, so, dass niemand etwas merkt. Und vom duftenden Schinken, der leckeren Wurst und dem fetten Käse muss noch etwas hinein in den Rucksack! Ein bisschen Lametta und ein paar Kerzenreste dürfen auch nicht fehlen. Und oben drauf packt Hugo noch Zweige und ein paar Borkenstücke vom großen Tannenbaum in der Kellerecke.

Der Marsch nach Hause ist ganz schön beschwerlich, so voll gepackt ist Hugo. Aber mit einigen Pausen schafft er es schließlich.

Mäusemutter Emma baut alle Schätze in einer Ecke der Mäusehöhle auf und schiebt ein Stück Borke davor.

»Bis zum Weihnachtsabend darf keiner dahinterschauen!«, schärft sie ihren Kindern ein.

Währenddessen wundert man sich im Bauernhaus, dass der dicke Kater Leo aufgeregt vor der Kellertür hin und her läuft.

»Leo, sei nicht so ungeduldig«, ruft die Bäuerin, »auch Kater müssen bis Weihnachten warten! Die Speckwurst gibt's nicht vorher!«

Bald ist es so weit – und die Kinder, der Kater und die Mäuse freuen sich auf das große Fest.

Von den Tieren im Stall

»Piep, piep« macht die Meise ohne Ruh.
Das Kind hört mit großen Augen zu.

Das Schäfchen schenkt die Wolle her,
es mäht: »Maria, nimm doch mehr!«

»Miau, miau« schnurrt das Kätzchen ganz sacht,
und Maria hat bei der Krippe gewacht.

»Ia, ia« hat der Esel gemacht,
da hat das Kindlein leis gelacht.

Die Glühwürmchen, sie schwirren sacht
und machen hell die dunkle Nacht.

»Meck, meck« machen dort die beiden Ziegen,
das Kind soll frische Milch von uns kriegen.

»Mu, mu« macht der Ochse und hat tief gehaucht,
weil das Kindlein ein bisschen Wärme braucht.

Die Mäuschen schwenken ihren Schwanz,
das Kind freut sich an ihrem Tanz.

»Schu, schu« macht die Eule, es glühn ihre Augen,
sie sollen als Nachtlaterne taugen.

Das Häschen knabbert Heu ganz still,
weil keiner das Krippenkind stören will.

Die warme Bärenhöhle

Hu – hu – der Wind weht kalt
durch den Wi – Wa – Winterwald.
Friert dem Bärchen der Bauch
und der Rücken zittert ihm auch.

Mutter Bär sagt: »Schau mal her,
wir baun eine Höhle, das ist nicht schwer!
Kriechen wir in die Höhle hinein,
da wird es warm und sicher sein!

Kuscheln wir uns dicht an dicht,
da frieren wir im Winter nicht.
Und scheint im Frühling die Sonne aufs Haus,
da kriechen wir aus der Höhle heraus.

Brumm, brumm, brumm,
die Winterzeit ist um!«